MÉTHODE BOSCHER

ou

" LA JOURNÉE DES TOUT PETITS "

Belin
ÉDUCATION

© Éditions Belin, 2013
170 bis, boulevard du Montparnasse, 75680 Paris cedex 14

ISBN 978-2-7011-6203-4

MÉTHODE BOSCHER

OU

" LA JOURNÉE DES TOUT PETITS "

————— ◆◆◆ —————

LIVRET UNIQUE

PAR

M. BOSCHER, Instituteur
V. BOSCHER, Institutrice, J. CHAPRON, Instituteur et M. J. CARRÉ
Illustré par M. F. Garnier

————— ◆◆◆ —————

PRÉFACE

« Il n'est besoin dans les sections enfantines d'autre livre que du syllabaire...

Au C.P., l'enfant prend possession de l'instrument sans lequel il ne pourrait acquérir aucune autre connaissance : il apprend à lire. Les autres exercices auxquels on le soumet n'ont d'autre but que d'entretenir les bonnes habitudes physiques, intellectuelles et morales qu'il a contractées à l'école maternelle. Mais l'enseignement essentiel à cet âge, c'est la lecture; le cours préparatoire est, avant tout, un cours de lecture... »

Telles sont les précisions que nous donnent les Instructions Officielles de 1923 relatives aux programmes des Ecoles primaires élémentaires.

La *Méthode Boscher* répond à cette conception; si elle est à la fois une méthode de lecture et d'orthographe, d'écriture et de dessin, ainsi qu'une méthode de calcul et un recueil d'exercices d'élocution et de langage, elle est, avant tout, une méthode de lecture rattachant tous les exercices à la leçon de lecture, *centre d'intérêt* de la *Journée.*

La *Méthode Boscher* est une méthode syllabique, complète, n'éludant aucune difficulté. Elle présente, entre autres avantages, ceux d'apprendre vite à lire, « de renforcer la mémoire visuelle par l'attention accordée à chaque élément des mots et par conséquent de donner à l'orthographe une base solide. Etant donné que dans la langue française la part de conventionnel orthographique est assez grande, il est bon que nous ne reculions pas trop longtemps cet effort de mémoire visuelle par lequel s'acquiert l'orthographe d'usage (1) ».

Bien que fidèle, pour les raisons ci-dessus, aux principes de la méthode syllabique, la *Méthode Boscher* est assez souple pour permettre l'emploi *des procédés actifs,* que l'on croit parfois réservés aux seules méthodes mixtes ou globales.

Nous en indiquons quelques-uns; chacun pourra s'en inspirer, les modifier ou les compléter en les adaptant à sa classe : en pédagogie il n'y a rien d'absolu et *les meilleurs procédés sont ceux qui donnent les résultats les plus rapides et les plus solides* avec le plus grand nombre d'élèves.

1° **Exercice de révision.** — Lettres et sons étudiés aux leçons précédentes (tableau noir ou tableau à glissières, grandes lettres mobiles, livret).

2° **Lecture de la gravure.** — Exercice d'observation, d'élocution et de langage. Le maître dirige l'exercice; les propositions sont énoncées et corrigées par les élèves.

3° **Exercices de lecture.** — Matériel : a) pour l'élève : *La Journée des Tout Petits* et la collection de lettres mobiles Boscher; b) pour le maître : craie de couleur; jeux de lecture : grandes lettres mobiles, étiquettes mobiles (mots et dessins) [matériel non édité].

Au cours de l'étude de la gravure les mots renfermant le son ou la lettre à étudier (mots qui se trouvent dans les textes de la *Journée*) sont écrits au tableau noir dans l'ordre de la découverte par les élèves. Le son, rattaché à un dessin, est ensuite isolé, étudié, comparé (u et i; m et n; d et t; b et d; on et ou, etc...).

Au cours d'un exercice collectif, des syllabes d'abord, des mots ensuite sont formés puis écrits au tableau noir avec de la craie de couleur ou composés avec de grandes lettres mobiles : exercice individuel identique avec les lettres mobiles Boscher.

Pour l'étude des syllabes : donner les consonnes et faire compléter par les voyelles et réciproquement.

Pour celle des mots : donner une syllabe et la faire compléter par une ou plusieurs autres de manière à former des mots.

———————

(1) M. MAUCOURANT, *La Première Etape* (Nathan, éditeur).

Faire trouver sur le livre ou sur le tableau un mot donné; le montrer puis le faire reproduire après l'avoir caché.

Montrer ou distribuer des étiquettes mobiles portant des dessins d'objets ou d'animaux dont les enfants écriront les noms ou sous lesquels ils placeront d'autres étiquettes qui portent ces noms.

L'exercice inverse consiste à faire dessiner — en s'aidant du livret — les objets ou les animaux dont les noms sont écrits. Sur une page du cahier, ou mieux sur une feuille volante que l'enfant sera fier de montrer à sa famille, des cases peuvent être préparées à cet effet et les dessins exécutés, puis coloriés. Se servir de l'illustration de *La Journée des Tout Petits*...

Lecture des mots imprimés sur le livret : toujours veiller à la prononciation qui doit être distincte et correcte. Donner le sens de ces mots par la composition de propositions ou phrases courtes énoncées et rectifiées par les élèves eux-mêmes, exercice auquel ils s'intéressent très vite.

Composition de mots et de propositions avec les lettres mobiles individuelles. Cet exercice permet aux élèves de travailler seuls. Il doit toujours être contrôlé. Ne pas donner trop de lettres à la fois.

Faire lire beaucoup de mots : c'est en lisant qu'on apprend à lire.

Pour les exercices de révision, à la fin de la journée, employer concurremment le livret, les tableaux muraux et les lettres mobiles Boscher. Le livret servira à la lecture individuelle et aux répétitions dans la famille.

Avant d'arriver à la fin de la *Méthode*, habituer l'élève à lire les mots sans les syllaber. Et pour donner satisfaction à son impatience de lire des histoires, passer aux morceaux de lecture des 14 dernières pages dès que possible tout en continuant l'étude des difficultés faisant l'objet des dernières leçons de la *Méthode*.

4° Écriture. — L'écriture n'étant qu'une autre manière de représenter les lettres et les mots, chaque leçon de lecture sera suivie d'un exercice d'écriture, de copie, ou de dictée.

L'écriture est analytique et son apprentissage va de pair avec celui de la lecture.

Comme les habitudes contractées au C.P. peuvent suivre l'élève durant toute sa scolarité, exiger qu'il forme bien les lettres, veiller à son attitude ainsi qu'à la tenue du porte-plume et du cahier.

Sur l'avis presque unanime des Directeurs et Directrices d'Ecole Normale, des Inspecteurs Primaires et des Instituteurs ou Institutrices consultés, nous avons adopté l'écriture droite; plus naturelle chez l'enfant que l'écriture penchée, se rapprochant aussi davantage de l'écriture imprimée, c'est également celle qui expose le moins l'élève aux attitudes vicieuses et qui convient le mieux à l'emploi du stylographe.

5° Orthographe. — Chaque *Journée* doit comporter un ou deux exercices de dictée.

Des phrases sont dictées, composées avec les mots lus, en collaboration avec les élèves. De ces phrases ne jamais faire écrire, sur le cahier ou sur l'ardoise, que les mots dont l'enfant connaît l'orthographe; arriver très vite à pouvoir donner en dictée des phrases entières. Toujours contrôler (Procédé Lamartinière).

6° Calcul. — Conformément aux Instructions Officielles, les exercices de calcul de *La Journée des Tout Petits*, ont pour but de donner à l'enfant l'idée de quantité et de lui apprendre à pratiquer les 4 opérations, principalement l'addition et la soustraction, sur les 100 premiers nombres.

Les opérations indiquées devront toujours, avant d'être effectuées, être concrétisées et traduites dans des questions ou petits problèmes, *les calculs devant s'appuyer sur les faits*.

L'apprentissage de la lecture ne devant durer que 3 ou 4 mois, nous avons dû nous borner, dans *La Journée des Tout Petits*, à l'étude des 60 premiers nombres.

Appliquer la même méthode pour celle des nombres de 60 à 100.

7° Autres Enseignements. — Pour chaque *Journée*, l'image et parfois un ou plusieurs mots des textes de lecture fourniront des sujets d'observation, d'élocution et de langage, ainsi que des exercices de dessin, de modelage et de travail manuel.

La *Méthode Boscher* embrasse donc tous les enseignements du C.P.; elle donne au maître les éléments de toutes les leçons de chaque *Journée*; elle est pour l'enfant un instrument précieux qui lui permet très vite de se débrouiller et de continuer à travailler seul avec profit lorsqu'on ne peut s'occuper de lui.

Elle donne des résultats rapides, complets et durables : les nombreuses attestations reçues des maîtres qui l'emploient le prouvent et « *seule l'expérience compte en pédagogie* » (1).

Les illustrations claires et gaies, nombreuses et variées, réalisées par M. F. Garnier qui sait toujours allier les préoccupations de l'éducateur à la fantaisie de l'artiste, font de ce livret un véritable album.

Ainsi la *Méthode Boscher* ou *La Journée des Tout Petits* est bien le livre unique des petites classes; il convient à tous les C.P., surtout dans les écoles à classe unique et quand l'effectif est élevé; tout en diminuant la lourde tâche du maître, il donne à l'élève le goût de l'étude en lui rendant le travail facile et joyeux.

V. BOSCHER,   M. J. CARRE-CHAPRON   J. CHAPRON,
Institutrice.   *Instituteur.*

(1) MM. MARIJON et LECONTE, Inspecteurs Généraux, *Rapport sur les conférences de 1928.*

QUELQUES APPRÉCIATIONS

SUR

LA MÉTHODE BOSCHER

OU

" LA JOURNÉE DES TOUT PETITS "

MEDAILLE DE BRONZE A L'EXPOSITION INTERNATIONALE DE BRUXELLES 1958

« Depuis la lettre aux doux contours jusqu'à la syllabe vivante et colorée, depuis le mot qu'on y apprend à aimer avec sa musique et cette personnalité qu'il tire de la belle image qui le représente, jusqu'au texte illustré qui vous imprègne d'art et de poésie, la *Méthode Boscher* prodigue tous les aliments nécessaires à l'esprit et au cœur du jeune enfant. »

J. MELCHIONNE, Professeur de Lettres Classiques.

...Livret et instruction révèlent une expérience avertie des besoins du C. P., un sens pratique très sûr, le souci des résultats solides et durables...

...Chaque page de lecture devient un centre d'intérêt sur lequel viennent se greffer tous les exercices de chaque journée...

Livret de début très bien compris appelé à rendre de grands services à tous les maîtres et en particulier à ceux qui assument la lourde tâche d'une école à un seul maître.

B. BOSCHER, Directrice d'Ecole Normale.

Que de chemin parcouru ! C'est un ouvrage aux qualités artistiques sérieuses, grâce au bonheur du choix des images, que les petits vont feuilleter. Je ne doute pas du bon accueil que lui réserveront les maîtres car ces qualités viennent s'ajouter aux autres : sûreté de la progression, solidité des enchaînements et des répétitions, qui font de la *Méthode Boscher* un excellent instrument, surtout en vue de l'initiation à la lecture et à l'orthographe.

A. CARNEC, Directeur d'Ecole Normale.

Précieux auxiliaire de travail, la *Méthode Boscher* conduit rapidement les Tout Petits à la lecture courante. Elle permet aux enfants les moins doués de lire très honorablement à la fin de l'année. On peut en tirer parti pour l'enseignement de l'orthographe et les leçons d'observation au C. E. Rénovée de la façon la plus heureuse, cette méthode a droit à une place de choix dans les petites classes.

N. CARNEC, Ecole Annexe de garçons.

Je trouve la *Méthode Boscher* remarquable de clarté, de rapidité, de sûreté.

Mme MALLERET, Institutrice, Ecole de garçons.

La *Méthode Boscher* permet d'excellents résultats, rapides et solides en lecture, en orthographe et en calcul.

Suffisamment souple, elle s'adapte facilement au goût des maîtres et aux procédés nouveaux...

Enfin *La Journée des Tout Petits* est l'un des syllabaires qui permettent le mieux la collaboration de la famille et de l'école pour l'apprentissage de la lecture

R. RIDEAU, Inspecteur de l'E. P.

...L'illustration permettra de donner toute l'ampleur nécessaire aux exercices de vocabulaire et d'élocution.

L'enseignement du calcul mettra sans cesse en œuvre l'activité sensorielle des petits écoliers qui auront en mains un livre très joli, très attachant...

Tous ceux qui ont la charge très lourde d'une école à classe unique apprécient particulièrement cet incomparable instrument de travail forgé avec un soin extrême par des maîtres expérimentés...

F. RODIER, Inspecteur de l'E. P.

la rue à midi.

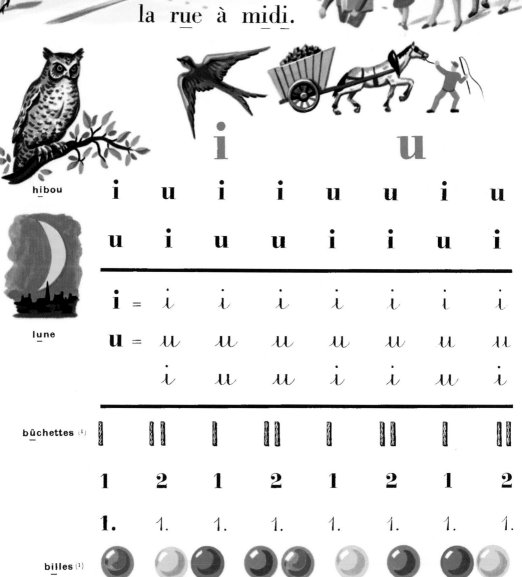

hibou

lune

i   u

i   i u i i u u i u

u   i u u i i u i

bûchettes (1)

1   2   1   2   1   2   1   2

1.   1.   1.   1.   1.   1.   1.   1.

billes (1)

4   (1) Comptons des bûchettes... des billes.

la fête de noël.

o   a

2 olives

1 avion

u	o	a	i	o	u	a	o
a	u	o	a	i	a	o	i

o =	*o*	*o*	*o*	*o*	*o*	*o*	*o*
a =	*a*	*a*	*a*	*a*	*a*	*a*	*a*
	o	*i*	*a*	*u*	*a*	*u*	*o*

dominos(1)

●	●●	●	●●	●●	●	●	●●
1	2	1	2	2	1	1	2

haricots ⌣ + ⌣ = ⌣ ⌣   ⌣ ⌣ − ⌣ = ⌣

1 + 1 = 2   2 − 1 = 1

2   2   2   2   2   2   2   2   2

abricots + = . − = (2)

(1) Comptons des points sur des dominos. — (2) 1... ôté de 2... reste 1....

i u o a

le déjeuner de bébé.

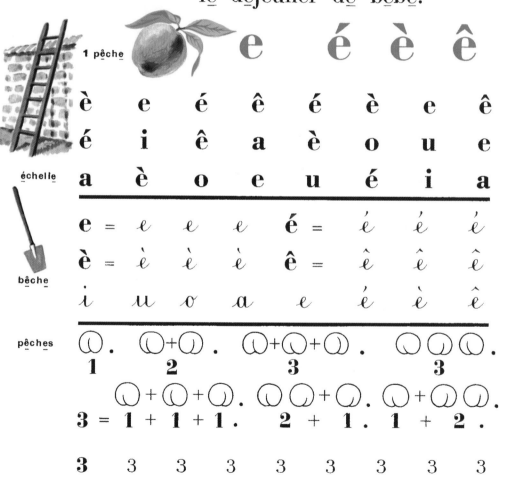

1 pêche

e é è ê

è e é ê é è e ê

é i ê a è o u e

échelle

a è o e u é i a

bêche

e = *e* *e* *e*   é = *é* *é* *é*

è = *è* *è* *è*   ê = *ê* *ê* *ê*

i *u* *o* *a* *e* *é* *è* *ê*

pêches

◯. ◯+◯. ◯+◯+◯. ◯◯◯.

1   2   3   3

◯+◯+◯. ◯◯+◯. ◯+◯◯.

3 = 1 + 1 + 1.   2 + 1.   1 + 2.

3   3   3   3   3   3   3   3   3

cerises

1+1+1 = 3 .   3 − 1 = 2 .   3 − 2 = 1 .

6

la poule appelle ses petits.

pelote

p = ρ

1 pipe

pi. pu. po. pa. pe. pé. pè. pê.
po. pê. pu. pe. pi. pè. pa. pé.
pa pa. pi pe. é pi. pi e.

---

p = ρ ρ ρ ρ ρ ρ ρ ρ
pi. pu. po. pa. pe. pé. pè. pê. pe.
pipe. papa. épi. pie.

---

1 épi

poulets

(1)

4.   3 + 1   2 + 2   1 + 3
      4 − 1   4 − 2   4 − 3

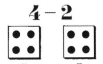

(2)

1   2   3   4   4   3   2   1

4   4   4   4   4   4   4   4   4

poussins

pies

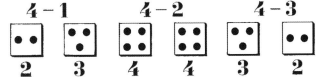

(3)

e. a. p. ê. u. p. o. è. i. pe. pa. pé.

toto a été têtu.

tenaille

t = *t*

étui

ta. té. ti. te. tu. tè. to. tê.

to to. tê te. tê tu. é té. tâ té. é tu i. tu é.
pa ta te. pâ té. ta pe. pe ti te. pâ te. é ta pe.
to to a é té tê tu, pa pa a ta pé to to.

patate

t = t t t. ta. te. tu. tè. to. tè. ti. té.
ta tête. toto. têtu. été. tâté. étui. tué.
papa, toto a ôté ta petite pipe.

tête

bûchettes **5 =** ▯+▯+▯+▯+▯[(1)]. ▯▯▯▯+▯. ▯▯▯+▯▯. ▯▯+▯▯▯. ▯+▯▯▯▯.

▯▯+▯▯+▯[(2)] **4+1 . 3+2 . 2+3 . 1+4 .**

5−1 . 5−2 . 5−3 . 5−4 .

  5   5   5   5   5   5   5   5   5

cartes
de boutons

8

(1) 5 fois 1 font 5. — (2) 2 fois 2 plus 1 font 5.

o. ê. t. i. p. é. tu. pe. ta. ti. pa. pè.

le chat ronronne devant le rôti.

rôti    **r** = ૧

rê. ra. ré. ru. re. ri. rè. ro.

ra ti è re. ri re. ra re. ra ta. ra tu re. ru e.
pè re. râ pe. pâ tu re. pa ri. pi re. rô ti.
pa pa a ti ré, a ra té, re ti re ra.

râpe

parure

r = ૧ ૧ ૧. ru. re. ro. rê. ri. ré. ra. rè.
rire. rôti. rata. rature. pari. parure.
père a réparé ta petite ratière.

souris

ronds

OOO	=	5 = OO	+	4 = 2 + ...
OO	=	5 = OOOO	+	3 = 1 + ...
OOOOO	=	5 = O	+	5 = 4 + ...
OOOO	=	5 = OOO	+	5 = 3 + ...

rats

rené cherche des nids.

n = n

nid

ni. né. na. nê. no. nè. nu. ne.

ni na. i rè ne. te nu. pu ni. â ne. u ne no te.
u ne é pi ne. u ne té ti ne. u ne na ri ne.
re né a é té re te nu, pa pa a pu ni re né.

une tétine

n = n n n. nè. na. nu. né. no. nê. ni. ne.
nini. note. rené. titine. une épine.
irène ira nu-tête. rené a été puni.

une niche

 + .   + .    + .

noix

2 + 2.   **3 + 2.**   **2 + 3.**

1 2 3 4 5.   **5 4 3 2 1.**   **3 5 2 4 1.**

⊘⊘⊘⊘⊘ − ⊘ =	5 − 1 =	5 − __ = 2
⊘⊘⊘⊘⊘ − ⊘⊘⊘ =	5 − 3 =	5 − __ = 3
⊘⊘⊘⊘⊘ − ⊘⊘ =	5 − 2 =	4 − __ = 2
⊘⊘⊘⊘⊘ − ⊘⊘⊘⊘ =	5 − 4 =	3 − __ = 1

moineaux

10   (1) 1 noix ôtée de 5 noix = 4 noix. — (2) Faire exprimer et montrer le rang de chaque moineau.

t. n. p. r. n. t. r. pa. to. ré. nu. ri. né. na.

rémi et maria partagent une pomme.

une mare

m = m

mé. me. mu. mo. mê. mi. mè. ma.

mimi. maria. ma mère. une mare. une mine.
ami. numéro. une tomate. une minute.
rémi a patiné, rené a imité rémi.

une tomate

m = m m. mè. mi. mé. ma. mo. me.
ma mère. une minute. rémi patine.
ma mère a ramené petite marie.

marteau

mouches(²)

6 = ○○○○○ + ... | 6 = 5 + ... | 3 + ... = 6
6 = ○○○○ + ... | 6 = 3 + ... | 5 + ... = 6
6 = ○○○ + ... | 6 = 4 + ... | 4 + ... = 6
6 = ○○+○○ + ... | 6 = 2 + ... | 1 + ... = 6

6   6   6   6   6   6   6   6   6

6 = 3 + 3 = 5 + 1⁽¹⁾ = 4 + 2⁽¹⁾.

(1) Ou 1 + 5 ou 2 + 4. — (2) 3 fois 2 mouches ou 2 fois 3 mouches font 6 mouches.

11

émile soigne les lapins.

lièvre  l = *l*

lê. la. le. lé. li. lè. lo. lu.

le loto

é mi le. la lu ne. le lo to. la la me. la li me.
la pe lo te. la tu li pe. la pa ro le. la pi le.
a li ne ô te ra le rô ti, la to ma te, le pâ té.

---

une pile

l = l l l. la. lè. lu. lê. lé. li. le. lo.
la lime. le loto. une pelote. la parole.
amélie, retire ta pèlerine.

une lime

6 − 1 = _____	6 − 4 = _____	3 + _____ = 6
6 − 5 = _____	6 − _____ = 3	6 − _____ = 1
6 − 3 = _____	6 − _____ = 5	5 − _____ = 3
6 − 2 = _____	6 − _____ = 2	2 + _____ = 6

tulipes

le c̲oq est le roi de la basse-c̲our.

C = c

cu. co. ca.

co co ri co. l'é cu me. la ca pi ta le. la ca ne.
l'é co le. la ca po te. la co lè re. le ma ca ro ni.
ni co le a u ne pe ti te ca pe li ne.

macaronis

---

c = c c c. ca. cu. co. ca. cu. ca. cu. co.
cocorico. le côté. la capote. le macaroni.
émile a été poli à l'école.

la cape

carottes

🥕🥕🥕🥕 + 🥕 = ...	7 = 5 + ...	3 + ... = 7
🥕🥕🥕 + 🥕🥕🥕 = ...	7 = 3 + ...	2 + ... = 7
🥕🥕 + 🥕🥕 🥕🥕 = ...	7 = 6 + ...	4 + ... = 7
🥕🥕🥕🥕🥕 + 🥕 = ...	7 = 2 + ...	1 + ... = 7

7 7 7 7 7 7 7 7 7

(1)

l. n. c. m. p. r. l. t. m. p. c. n. t. l. r. c.

dédé est malade.

dé

2   d = d

da. dê. de. du. dè. do. di. dé.

le do do de dé dé. le ma la de. le re mè de.
u ne da me. le ca ma ra de. le do mi no.
la mo de. la pé da le. le mo dè le. le dé pu té.
ma da me dî ne ra à mi di de pâ té, de rô ti.

le dodo

d = d d d. dè. du. de. do. dè. da. di. dé.

la dame. une pédale. le camarade.

adèle a copié le modèle de nicole.

damier

dominos

$$7 = 2 + 2 + 2 + 1$$
$$7 = 3 + 3 + 1^{(1)}$$

$7 - 2 = $	$7 - 6 = $	$7 - \quad = 3$
$7 - 5 = $	$7 - 2 = $	$2 + \quad = 7$
$7 - 4 = $	$7 - 4 = $	$4 + \quad = 7$
$7 - 3 = $	$7 - 3 = $	$7 - \quad = 2$

7 doigts

7 radis (²)

14   (1) 7 = 3 fois 2 plus 1 ou 2 fois 3 plus 1. — (2) Partager en 2 parts égales, en 3 parts égales (reste 1).

l'avion va vite.

$$V = v$$

avion

navire à vapeur

vo. vé. vê. va. vu. ve. vi. vè.

la lo co mo ti ve. le na vi re. la vé ri té.
de vi ne. la ve. a va le. dé vo ré. vê tu. vi dé.
l'a va re. le pa vé. le rê ve. u ne vi pè re.
la pi e vo le. é ve li ne va vi te à la ca ve.

vipère

V = v v v. vi. vé. vu. vè. vo. ve. vê. va.
la vérité. vide la cuve. le navire va vite.
éva a vu une vipère à côté d'adèle.

cuve

$$8 = 2 + 2 + 2 + 2 \qquad 8 = 4 + 4^{(1)}$$
$$8 = 7 + 1^{(2)} = 6 + 2^{(2)} = 5 + 3^{(2)}$$

..... + ... = 8	8 = 4 + ...	6 + ... = 8
..... + ... = 8	8 = 6 + ...	3 + ... = 8
..... + ... = 8	8 = 7 + ...	4 + ... = 8
..... + ... = 8	8 = 5 + ...	2 + ... = 8

navets

8   8   8   8   8   8   8   8   8   8   8

(2)

voiles

(1) 8 = 4 fois 2 ou 2 fois 4.   (2) 8 = 7 + 1 ou 1 + 7 ; 6 + 2 ou 2 + 6.   15

le semeur.

S = ♪

su. sé. so. sê. si. sa. se. sè.

salière

si mo ne. sè me. si do ni e. sa me di. sé vè re.

la sè ve. le so li de. la se ri ne. la sa va te.

la sa li è re. de la sa li ve. de la sa la de.

si mo ne a sa li sa ca pe, sa mè re la la ve ra.

salade

s = ♪ ♪ ♪. sè. su. sê. sa. se. sé. so. si.

la dame sévère. la serine. de la salive.

sidonie sèmera de la salade.

bassine

8 soles

8 − 2 = ...	8 − 1 = ...	8 − .... = 4
8 − 4 = ...	8 − 3 = ...	8 − .... = 3
8 − 6 = ...	8 − 5 = ...	8 − .... = 5
8 − 8 = ...	8 − 7 = ...	8 − .... = 6

8 serins [1]

(1) Nommer le rang des serins.

la cabane du sabotier.

cabine

cabane

b = *b*

bè. ba. be. bo. bê. bi. bé. bu.

la sa bo ti è re. du bo bo. la bê te. la ro be. le tu be.
u ne ca ra bi ne. u ne ca bi ne. de la bi è re.
lé a dé vi de la bo bi ne. bé bé a sa li sa ro be.
le pè re d'é va bâ ti ra u ne ca ba ne so li de.

---

b = *b b b. bi. bè. bu. be. bo. bê. ba. bé.*
bête cabane. sabotière. lave ta robe.
adèle dévidera la bobine.

---

bobine

9 sabots

$9 = 2+2+2+2+1$ $\qquad$ $9 = 4+4+1$ [1]

$9 = $ ▨▨▨▨▨ ▨▨▨ $+$	$9 = 8 + $	$6 + $ .... $= 9$
$9 = $ ▨▨▨▨▨ ▨▨ $+$	$9 = 6 + $	$3 + $ .... $= 8$
$9 = $ ▨▨▨▨▨ $+$	$9 = 7 + $	$4 + $ .... $= 7$
$9 = $ ▨▨▨▨▨ ▨ $+$	$9 = 5 + $	$2 + $ .... $= 9$

bûchettes

9 $\quad$ 9 $\quad$ 9 $\quad$ 9 $\quad$ 9 $\quad$ 9 $\quad$ 9 $\quad$ 9 $\quad$ 9 $\quad$ 9 $\quad$ 9

10 sabots [2]

(1) 9 = 4 fois 2 plus 1 ou 2 fois 4 plus 1. (2) 5 fois 2 font 10.

17

éva fera du café.

café

f = *f*

fu. fé. fo. fe. fê. fi. fa. fè.

ca fe ti è re.   ca lo ri fè re.   ca ra fe.   fa mi ne.
u ne   fè ve.   u ne   fê te.   de la   fa ri ne.   fi ni.
la   ca ba ne   fu me.   la   lo co mo ti ve   fi le   vite.
é va   fe ra   du   ca fé,   sa   mè re   fera   du   ba ba.

carafe

f = f f f. fè. fu. fa. fé. fi. fè. fo. fê.
farine. fève. café. une carafe de bière.
liliane sera à la fête de papa samedi.

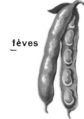

fèves

9 = 10 − 1

OOOOOO + ... =**10**	9 − 4 =	3 = 9 −
OOOOOOO + ... = **9**	9 − 3 =	5 = 9 −
OOOOOOOO − .... = **4**	9 − 5 =	2 = 9 −
OOOOOOOOO − .... = **6**	9 − 2 =	6 = 9 −

9 feuilles [1]

(1) 3 fois 3 feuilles font 9 feuilles.

la joie au jour de l'an.

la jupe

jouets

jetons

j = *j*

jo. jé. ju. je. ja. jè. ji. jê.

u ne jo li e ju pe. bé bé ca jo le sa mè re.
je rê ve. je me lè ve. je me la ve. je dî ne.
je sè me. je fu me. je vi de la ca ra fe.
ja ni ne fe ra u ne jo li e ro be à si mo ne.

j = *j j j. jè. jo. ji. jè. ja. je. ju. jé.*
je rêve. je me lave. je dîne. je cajole.
julia a déjà réparé la robe de sa mère.

$10 = 2 + 2 + 2 + 2 + 2^{(1)}$ $10 = 5 + 5^{(1)}$

$10 = \circ\circ\circ\circ\circ\circ + \ldots$	$10 = 5 + \ldots$	$1 + \ldots = 10$
$10 = \ldots + \ldots$	$10 = 8 + \ldots$	$3 + \ldots = 10$
$10 = \ldots + \ldots$	$10 = 9 + \ldots$	$2 + \ldots = 10$
$10 = \ldots + \ldots$	$10 = 7 + \ldots$	$6 + \ldots = 10$
$10 = \ldots + \ldots$	$10 = 6 + \ldots$	$5 + \ldots = 10$

10. 10. 10. 10. 10. 10. 10. 10. 10. 10. 10

10 jacinthes (2)

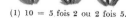

(1) 10 = 5 fois 2 ou 2 fois 5.   (2) 10 jacinthes à partager en 2, en 5 parts égales.

19

le marché aux légumes.

g = g

ga. go. gu.

le lé gu me. la ga re. la ri go le. l'é ga li té.
u ne ré ga la de. u ne ga le ri e. é ga ré. gâ té.
u ne fi gu re. du ma la ga. la ga le. je fa go te.
la bê te de jé rô me ga lo pe vi te.

g = g g g. ga. go. gu. gu. go. ga. gu. ga.
gare. galopade. une gamine. je fagote.
émile se lavera la figure, ira à l'école.

10 − 5 =_____	10 − _____ = 5	7 = 10 − _____
10 − 3 =_____	10 − _____ = 4	9 = 10 − _____
10 − 4 =_____	10 − _____ = 2	8 = 10 − _____
10 − 1 =_____	10 − _____ = 6	6 = 10 − _____
10 − 2 =_____	10 − _____ = 3	5 = 10 − _____

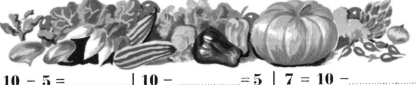

gousses (1)

20   (1) 3 fois 3 plus 1..., 2 fois 4 plus 2 font 10.

le c<u>h</u>eval tire la c<u>h</u>arrue.

le c<u>h</u>at

ch = *ch*

cha. chi. che. chê. cho. chè. chu.

u ne bû che de chê ne. la ga lo che. la chi ca ne.
la va che. le fi chu. le châ le. la che ve lu re.
je che mi ne. je bê che. je pê che. je me fâ che.
mi che li ne a dé chi ré la po che de sa ro be.

ch = *ch ch ch. chè. chu. ché. cha. che. chi.*

je pèle une pêche. je fagote du chêne.

la gamine a égaré le fichu de sa mère.

une ru<u>ch</u>e

10 c<u>h</u>âtaignes

(1)

9 + ... = 10	10 = 4 + ...	2 + 3 + ... = 10
8 + ... = 10	10 = 2 + ...	3 + 3 + ... = 10
7 + ... = 10	10 = 1 + ...	4 + 4 + ... = 10
6 + ... = 10	10 = 3 + ...	6 + 1 + ... = 10
5 + ... = 10	10 = 5 + ...	2 + 2 + ... = 10

10 feuilles
de c<u>h</u>ène

(1) A partager en 2, 5 parts égales.

21

la soupe aux choux.

un chou  **ou** = *ou*

cou. sou. fou. chou. pou. vou. gou.

la sou pi è re. la bou che. le cou de. le bi jou.
la sou cou pe. la cha lou pe. la cou tu re. la dou ve.
un fi lou. un mou le. u ne rou te. un jou jou. un sou.
la cu ve cou le. la pou le cou ve. la bou le rou le.
ja ne cou pe un chou. le cou cou a va le u ne mou che.

un moule

la poule. une douve. une boule. un coucou.
éliane achète un joujou. je débouche la carafe.
ma mère coupera un chou, fera de la soupe.

une
soucoupe

10 boules

10 − 1 =......	10 − 6 =......	10 − .... = 9	6 − .... = 3
10 − 3 =......	10 − 9 =......	10 − .... = 7	9 − .... = 5
10 − 2 =......	10 − 8 =......	5 + ... =10	8 − .... = 4
10 − 4 =......	10 − 7 =......	10 − .... = 8	10 − .... = 5
10 − 5 =......	10 − 5 =......	6 + ... =10	5 + ... =10

1 poule

22   **10 poussins**

ch. d. un. f. ou. g. un. j. bou. cou. mou. gou.

léon achète du bonbon.

on = *on*

un mouton

bon. mon. ton. son. ron. lon. gon.

con fi tu re.   bâ ton.   co ton.   con te.   ga lon.   ron de.
mon ca pu chon.   ton pe lo ton.   un bon ju pon.
un bou ton.   un gou jon.   un mou ton.   un bou chon.
lé on a du bon bon.   é cou te le son du vi o lon.
si mon a ton du son jo li mou ton.

un violon

le savon. la confiture. un bouchon. le canon.
léon a goûté le melon. déroule ton peloton.
léontine a déchiré le galon de son jupon.

un melon

boutons

0 + 2 =	8 + 2 =	10 − 2 =	8 − 2 =
2 + 2 =	2 + 2 =	8 − 2 =	10 − 2 =
4 + 2 =	6 + 2 =	6 − 2 =	4 − 2 =
6 + 2 =	4 + 2 =	4 − 2 =	6 − 2 =
8 + 2 =	0 + 2 =	2 − 2 =	2 − 2 =

nombres

pairs. (1)

2.   4.   6.   8.   10. —— 10.   8.   6.   4.   2.

10 pots de confiture

(1) paires de sabots, souliers, chaussons, etc....

toinon garde ses oies.

oi = *oi*

voi. toi. boi. moi. foi. poi. noi. joi.

écumoire

voi là   u ne   voi tu re.   u ne   é toi le.   boi re.
de   l'a voi ne.   u ne   é cu moi re.   u ne   pi voi ne.
u ne   poi re.   un con voi.   la boî te.   la mé moi re.
la cha lou pe   à voi le.   u ne   fi gu re   tou te noi re.
toi non   a chè te ra   un   cou pon   de   toi le   à   la   foi re.

voile

la mémoire. une foire. la voiture. une boîte.
voilà du bonbon. simon a semé de l'avoine.
toinon coupera la toile, léa fera la couture.

boîte

poires

$1 + 2 =$	$7 + 2 =$	$9 - 2 =$	$5 - 2 =$
$3 + 2 =$	$5 + 2 =$	$7 - 2 =$	$9 - 2 =$
$5 + 2 =$	$3 + 2 =$	$5 - 2 =$	$3 - 2 =$
$7 + 2 =$	$1 + 2 =$	$3 - 2 =$	$7 - 2 =$

1. 3. 5. 7. 9. . . . . . . 9. 7. 5. 3. 1.

pivoines

ou. on. oi. un. — on. un. oi. ou. oi. on. un. ou.

entrez d<u>an</u>s la d<u>an</u>se.

un b<u>an</u>c **an** = *an*

pan. gan. man. chan. ban. can. dan.

m<u>an</u>darine

u ne chan son. u ne man da ri ne. ma man. ma tan te.
la san té. u ne a man de. la man che. la fan fa re.
un ru ban. mon pan ta lon. un ou ra gan. an toi ne.
fan chon la ve la ban de de toi le. je cou pe la poi re.
jean dan se ra di man che à la fê te du can ton.

un rub<u>an</u>

la danse. une chanson. un ouragan. ma tante.
la méchante boude. voilà la soupe fumante.
antoine a déchiré son joli pantalon de coton.

<u>an</u>se

2 fois [1]			**moitié**		
◊	+	◊ = _____	de 2 _____	◊◊ =	
◊◊	+	◊◊ = _____	de 4 _____	◊◊◊◊ =	
◊◊◊	+	◊◊◊ = _____	de 6 _____	◊◊◊◊◊◊ =	
◊◊◊◊	+	◊◊◊◊ = _____	de 8 _____	◊◊◊◊◊◊◊◊ =	
◊◊◊◊◊	+	◊◊◊◊◊ = _____	de 10 ◊◊◊◊◊◊◊◊◊◊ =		

am<u>an</u>des

moitié de 3 ; de 5 ; de 7 ; de 9

<u>an</u>colies

(1) Double.

ou. on. oi. un. an. — oi. on. an. un. ou. an. oi.

le poteau indicateur.

 **in** = _in_

vin. lin. pin. fin. tin. rin. min. din.

le sa pin. le che min. le ga min. le ma rin. ma lin.
un la pin. un din don. u ne din de. le ca le pin.
la pin ta de. du bou din. le pé pin. un pan tin. du lin.
u ne re din go te noi re. an to nin fe ra du bon vin.
le pin son chan te de bon ma tin à cô té du mou lin.

un sapin

---

un calepin. du boudin. un sapin. le chemin.
le gamin fera le pantin. le pépin de la poire .
mon lapin a dévoré toute l'avoine de ma tante.

un dindon

$1 + 3 =$	$2 + 3 =$	$9 - 3 =$	$8 - 3 =$
$4 + 3 =$	$5 + 3 =$	$6 - 3 =$	$5 - 3 =$
$7 + 3 =$	$3 + 3 =$	$3 - 3 =$	$7 - 3 =$
$2 + 3 =$	$6 + 3 =$	$10 - 3 =$	$4 - 3 =$

3 pintades

$3 = 1 + 2$
$2 + 1$

(1)

pinsons

(1) Révision : additions et soustractions dans la limite de 10.

an. in. ou. un. on. in. oi. an. on. un. oi. ou.

le j<u>eu</u>di était le jour du j<u>eu</u>.

eu = *eu*

meu. seu. peu. neu. veu. deu. feu.

le jeu. le jeu di. un pi eu. la veu ve. je dé jeu ne.
un che veu fin. la meu le ron de. un a veu. seu le.
le feu con su me la bû che. u ne de meu re neu ve.
la jeu ne é co li è re joue le jeu di. la meu ni è re.
son ne veu ré pa re ra la meu le du mou lin.

une m<u>eu</u>le

le jeudi. le jeu. la meule. ton cheveu. la meunière.
le feu. un pieu. je déjeune. jean a sali sa figure.
ma tante achètera un dindon à la foire jeudi.

f<u>eu</u>

| 0 | 1| | 2| | 3| | 4| | 5| | 6| | 7| | 8| | 9| | 1|0 |

⊞ = 10

⊞ I **11**   ⊞ IIII **13**   ⊞ II   ⊞ IIIII
⊞ II **12**   ⊞ I   ⊞ IIII   ⊞ II
⊞ III **13**   ⊞ IIIII   ⊞ I   ⊞ IIII
⊞ IIII **14**   ⊞ II   ⊞ IIIII   ⊞ II
⊞ IIIII **15**   ⊞ IIII   ⊞ III   ⊞ I

12 <u>œu</u>fs

la chèv<u>re</u> b<u>ro</u>ute.

br. pr. dr. vr.

pro. vre. bran. droi. vri. pru. dré.

un ca<u>dre</u>

lè vre. fou dre. pro me na de. brû lu re. pro fon de.
pou dre. li è vre. bro che. bra vou re. a droi te.
la pro pre té. un ca dre. u ne cou leu vre. je bro de.
u ne bran che de sa pin. ta fi gu re se ra pro pre.
an dré, prê te-moi un li vre. la chè vre brou te le pré.
ma man a pré pa ré un bon pâ té de li è vre.

une
couleu<u>vre</u>

un lièvre. une prune. la foudre. je brode.
maman achète du poivre. voilà ta broche.
andré a vu une couleuvre à la promenade.

11 = 10 + 1.

11 = 9 + 2 (1)	11 = 8 + ... (2)	3 + ... (2) = 11	1 + ... (2) = 11
11 = 8 + 3	11 = 6 + ...	5 + ... = 11	4 + ... = 11
11 = 7 + 4	11 = 4 + ...	8 + ... = 11	6 + ... = 11
11 = 6 + 5	11 = 2 + ...	7 + ... = 11	9 + ... = 11
11 = 5 + 5 + 1	11 = 1 + ...	2 + ... = 11	5 + ... = 11

p<u>r</u>unes

(1) Ou 2 + 9. — (2) Toujours arrondir à 10 : de 8 à 10... 2 ; de 10 à 11... 1 ; donc de 8 à 11... 3.

sous la g<u>r</u>êle.

fr. tr. cr. gr.

croi. tre. grin. frè. tran. gré. crin.

<u>cravate</u>

la grê le. un a bri. du cha grin. un li tre. un fri pon.
vi tre. sou fre. é cri tu re. cru che. gran di. dé grin go lé.
tran che. fri tu re. gri ve. fre lon. croû ton. su cre. croî tre.
la fou dre gron de. mon frè re é cri ra à no tre tan te.
je bro de seu le u ne cra va te. ou vre la fe nê tre.
vo tre ca ma ra de a sa li la gra vu re de son li vre.

une <u>gr</u>ive

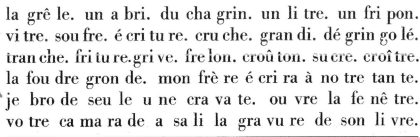

la friture. du pétrole. un croûton. de la grêle.
votre jeune frère a du chagrin. la cravate brune.
la montre de votre neveu a un joli cadran.

un <u>fr</u>elon

11 − 1 = 10.

11 − 2 ⁽¹⁾ = ...	11 − 7 ⁽¹⁾ = ...	11 ⁽¹⁾ = 7	5 + ... = 10
11 − 5 = ...	11 − 6 = ...	11 − ..... = 5	11 − ..... = 4
11 − 3 = ...	11 − 8 = ...	11 − ..... = 3	7 + ... = 11
11 − 6 = ...	11 − 4 = ...	11 − ..... = 6	9 + ... = 11
11 − 8 = ...	11 − 9 = ...	11 − ..... = 2	11 − ..... = 6

(2)

<u>fr</u>amboises

(1) Toujours arrondir à 10. — (2) La moitié de 11 est 5, reste 1.

andré joue de la f<u>l</u>ûte.

bl. pl. fl.

pla. blé. fleu. bli. plan. flo. plu. flé.

une f<u>l</u>ûte

plan che. meu ble. é ta bli. ta ble. flû te. plâ tre. plu me.
trè fle. fla con. pla ta ne. o bli ga toi re. blon de. flé tri.
un fleu ve. u ne fa ble. je pleu re. je plan te un pin.
le feu ron fle. du sa ble fin. la plan te fleu ri ra.
la meu ni è re mou dra le blé. de la dou blu re blan che.
flo ra a trou vé son pro blè me seu le, bra vo flo ra.

un fla<u>c</u>on

le flacon. la planche. du plâtre. je plante un pin.
flora a du ruban bleu, de la doublure neuve.
andré a semé du trèfle, planté un platane.

platane

12 = 6 + 6	12 = 5 +	8 + = 12	9 + = 12
12 = 10 + 2	12 = 4 +	5 + = 12	4 + = 12
(1) 12 = 9 +	12 = 3 +	6 + = 12	10 + = 12
12 = 8 +	12 = 10 +	3 + = 12	6 + = 12
12 = 7 +	12 = 2 +	7 + = 12	5 + = 12

‖ ‖ ‖ ‖ ‖ ‖ : 6 fois 2 .... 12.   ‖‖‖‖‖ ‖‖‖‖‖ : 2 fois 6 .... 12.
‖‖‖‖ ‖‖‖‖ ‖‖‖‖ : 3 fois 4 .... 12.

trè<u>f</u>le (²)

(1) Toujours arrondir à 10. — (2) 4 fois 3 folioles.

la demeure de mon oncle.

cl.   gl.

glan. clé. glou. clo. gloi. cla. cloi.

clôture

clô tu re. é glan ti ne. bou cle. on gle. ré cla mé.
gloi re. glo be. clé ma ti te. trin gle. cla po té. clo re.
un clou. l'é pin gle. le glou ton. la clo che. je gla ne.
le glou glou du fla con. mon on cle a un é ta bli.
la voi le du na vi re se gon fle. la fou dre é cla te.
la clé ma ti te cou vre la clô tu re du jar din.

cloche

un clou. une glande. la cloche. une épingle.
votre frère réclame à boire. coupe ton ongle.
léon a retrouvé la clé de l'étable de son oncle.

glands

clématite

12 − 6⁽²⁾ =	12 − 10 =	12 − ⁽²⁾ = 8	⁽²⁾ 8 + = 12
12 − 9 =	12 − 5 =	12 − = 5	12 − = 10
12 − 8 =	12 − 3 =	12 − = 3	12 − = 6
12 − 4 =	12 − 2 =	12 − = 6	9 + = 12
12 − 7 =	12 − 1 =	12 − = 9	7 + = 12

églantines

le fleuve débo<u>r</u>de.

ar. or. ir. ur.

char. cor. gar. por. sur. bor. vrir.

un a<u>r</u>bre

cornes

une to<u>r</u>tue

jar din. ar bre. por te. bor du re. cor ne. ou vrir. sor tir.
mar ché. mar mi te. sar di ne. char don. é cor ché. bar bu.
la cor de. du char bon. u ne ar moi re. dor mir. mor dre.
mar ti ne re gar de sur la por te. mé dor te mor dra.
le fleu ve a dé bor dé sur le jar din plan té.
por te la mou tar de, le su cre, la crè me sur la ta ble.

une virgule. un torchon. du marbre. le marché.
émile a bu du vin pur. aline partira jeudi.
ton oncle va venir, va ouvrir la porte du jardin.

sardines

13 = 10 + 3	13 = 6 + 6 + 1 [1]	5 + ... = 13	2 + ... = 11
13 = 9 + ...	13 = 5 + ...	9 + ... = 13	10 + ... = 13
13 = 8 + ...	13 = 3 + ...	7 + ... = 13	8 + ... = 12
13 = 7 + ...	13 = 6 + ...	6 + ... = 13	4 + ... = 13
13 = 11 + ...	13 = 4 + ...	3 + ... = 13	5 + ... = 12

chardons [2]

(1) Ou 2 fois 6 plus 1. — (2) La moitié de 13 est 6, reste 1.

vr. ir. in. cl. or. an. gr. un. ur. bl. ar. eu.

le maréchal ferre le cheval.

al. il. ol. ul.

bal. col. fil. bol. mal. vol. nul. val.

un bocal

a ni mal. bo cal. cal cul. a vril. ré col te. cou til.
car na val. ca nal. in sul te. bru tal. ma ti nal. un bal.

un bol

un vol can. un gril. u ne cul bu te. un bol. je val se.
jean bri de son che val. mon lo cal se ra a gré a ble.
clo til de boi ra un bol de crè me. j'a chè ve mon cal cul.
le ma ré chal cou pe la cor ne du che val.

un gril

un maréchal. du tumulte. une salle de bal.
je coupe le crin du cheval. médor va à son chenil.
la voiture de la bouchère a culbuté à côté du fleuve.

13 − 3 = 10	13 − 2 =	13 − = 6	13 − = 5
13 − 1 =	13 − 5 =	13 − = 8	11 − = 7
13 − 4 =	13 − 10 =	13 − = 7	10 − = 5
13 − 6 =	13 − 9 =	13 − = 3	12 − = 6
13 − 8 =	13 − 7 =	13 − = 9	13 − = 8

(1)

ballons

(1) Partager en 2, 3, 4 parts égales (reste 1).

33

l'eau du l<u>ac</u> fait tourner le moulin.

ac. oc. ic. uc.

sac. choc. pic. suc. bloc. bac. vic.

un sac

le tic tac. le lac. un roc. un broc. la dic té e. oc to bre.
vic tor. vic to ri ne. vic toi re. fré dé ric. lu do vic.
un bloc. du ta bac. le ca rac tè re. la frac tu re.
le che val por te un sac. vic tor re gar de la fac tu re.
je dé cla re un din don à l'oc troi. il por te un broc.
le jeu ne fré dé ric a trou vé du ta bac sur la ta ble.

un p<u>ic</u>

un pic. un broc. le choc. une fracture. octobre.
ludovic regarde le cadran . frédéric déjeune.
victor écoute le tic-tac du moulin de son oncle .

un l<u>ac</u>

14 = 7+7 ou 2 fois 7 ||||||| ||||||| ou 7 fois 2 || || || || || || ||

14 = 10 + 4	14 = 7 + ...	7 + ... = 14	11 + ... = 14
14 = 9 + 5	14 = 6 + ...	10 + ... = 14	13 − .... = 9
14 = 8 + ...	14 = 8 + ...	9 + ... = 14	12 − .... = 7
14 = 7 + ...	14 = 5 + ...	6 + ... = 14	7 + ... = 14
14 = 6 + ...	14 = 9 + ...	8 + ... = 14	8 + ... = 13

renoncules
ou
boutons d'or

le facteur porte le journal.

our. oir. eur.

peur. soir. cour. fleur. voir. four.

un **bour**don

bon jour. bon soir. dor toir. mi roir. four mi. sar cleur.
cour se. va peur. bour don. de voir. cha leur. cra choir.
un ti roir. un dan seur. u ne bour se. le pê cheur. la cour.
le fac teur por te le jour nal. la four che du la bou reur.
le cul ti va teur li ra le soir. va voir le doc teur.
é li a ne our le un jo li mou choir pour son pè re.

une **four**che

un sécateur. le journal. la vapeur. l'abreuvoir.
victor a vu le facteur. andré a une fleur blanche.
un butoir. le cultivateur a une fourche, un semoir.

un **sécat**eur

fourmis

14 − 7 =.....	14 − 6 =.....	14 −.....=10	7+.....=14
14 −10 =.....	14 − 8 =.....	14 −.....=11	14 −.....= 5
14 − 4 =.....	14 − 5 =.....	14 −.....=12	13 −.....= 8
14 −12 =.....	14 −13 =.....	14 −.....= 9	10+.....=13
14 −11 =.....	14 − 9 =.....	14 −.....= 7	8+.....=14

fleurs

viviane va voir camille.

ill. ll.

illon. lle. illoi. illé. illeur. illou. ille.

un papillon

un grillon

cheni lle. pa pi llon. pa ille. ca illou. mé da ille. ta illeur.
bou illoi re. gri llon. ba ta ille. mu ra ille. brou illon.
du bou illon. un tra va illeur. u ne feu ille de frê ne
vic tor é tri lle le che val. ju lie a plu mé la vo la ille.
le fac teur fou ille son sac. l'ar bre se dé pou ille.
ca mi lle li ra le jour nal à sa fa mi lle le soir.

une feuille
de frêne

la feuille. la chenille. le cocon. la soie. le papillon.
la grille du jardin. viviane ira voir camille.
victoire travaille le jeudi pour sa tante.

une
médaille

15 billes : ○○○○○ ○○○○○ ○○○○○	**3 fois 5 ou**	○○○ ○○○ ○○○ ○○○ ○○○	**5 fois 3.**
15 = 10 + 5	15 = 6 + ...	8 + ... = 15	9 + ... = 13
15 = 12 + ...	15 = 5 + ...	10 + ... = 15	6 + ... = 15
15 = 13 + ...	15 = 7 + ...	7 + ... = 15	11 − ..... = 4
15 = 9 + ...	15 = 9 + ...	12 + ... = 15	8 + ... = 12
15 = 8 + ...	15 = 11 + ...	5 + ... = 15	14 − ..... = 7

chenilles[1]

(1) 2 fois 7 plus 1.

le chevreuil se promène au soleil levant

ail. euil. eil. eille.

bail. seuil. rail. deuil. tail. veil. teil.

un écureuil

un che vreuil. un é cu reuil. le so leil. la cor neille. le rail.
le ré veil. le por tail. la cor beille. le bé tail. un con seil.
un sou pi rail. l'a beille. le vi trail. le seuil de la por te.
mon or teil. la ba taille. le bou vreuil chan te sur l'ar bre.
le so leil bri lle. je me ré veille. de l'é mail bleu.
le cul ti va teur veille ra pour fi nir son tra vail.

une corbeille

le chevreuil. un conseil. du travail. le soleil.
le seuil de la porte. le facteur a vu un écureuil.
la corneille a épouvanté le bouvreuil sur sa branche.

un réveil

15 − 10 = ...	15 − 8 = ...	15 − ...... = 10	8 + ... = 15
15 − 14 = ...	15 − 6 = ...	15 − ...... = 12	14 − ...... = 8
15 − 12 = ...	15 − 9 = ...	15 − ...... = 14	12 − ...... = 4
15 − 11 = ...	15 − 7 = ...	15 − ...... = 11	9 + ... = 15
15 − 5 = ...	15 − 4 = ...	15 − ...... = 9	15 − ...... = 6

abeilles[1]

(1) Partager en 2, 3, 5 groupes égaux.

une promenade en automobile.

ô = au = eau

beau. jau. seau. gau. peau. veau.

un couteau

ba teau. cha peau. man teau. po teau. cou teau. gau che.
sau le. fau te. pru neau. poi reau. tau reau. é tour neau.
le rou leau. un mar teau. mon é pau le. le cor beau.
la cha leur du four neau. clau de la ve son o reille.
le bé tail boi ra de l'eau. l'é cur euil sau ti lle au so leil.
pau li ne é cri ra son pro blè me au ta bleau noir.

étourneau

l'automobile. le fauteuil. un troupeau. un gâteau.
le portail du château. paulin a tué un moineau.
claudine a une fleur jaune à son chapeau de paille.

chapeau

▥ ▯▯▯▯▯ 15		▥ ▯▯▯▯▯ ▯▯	▥ ▯▯▯▯▯ ▯▯▯▯ ......
▥ ▯▯▯▯▯ ▯ 16	▥ ▯▯▯▯▯ ▯▯▯ **18**	▥ ▯▯▯▯▯ ▯▯▯	▥ ▯▯▯▯▯ ▯▯ ......
▥ ▯▯▯▯▯ ▯▯ 17	▥ ▯▯▯▯▯ ▯	▥ ▯▯▯▯▯ ▯▯▯▯	▥ ▯▯▯▯▯ ▯ ......
▥ ▯▯▯▯▯ ▯▯▯ 18	▥ ▯▯▯▯▯ ▯▯▯▯▯	▥ ▯▯▯▯▯ ▯▯▯	▥ ▯▯▯▯▯ ▯▯▯ ......
▥ ▯▯▯▯▯ ▯▯▯▯ 19	▥ ▯▯▯▯▯ ▯▯	▥ ▯▯▯▯▯ ▯▯▯▯	▥ ▯▯▯▯▯ ▯▯▯ ......
▥ ▯▯▯▯▯ ▯▯▯▯▯ 20	▥ ▯▯▯▯▯ ▯▯▯▯	▥ ▯▯▯▯▯ ▯	▥ ▯▯▯▯▯ ▯▯▯▯ ......=

automobiles

julien fauche son foin.

oin. ien.

foin. chien. bien. coin. soin. lien.

une pointe

le foin. le fau cheur. le fa neur. le gar dien. le bien.
le mien. le tien. le sien. le bien ve nu. un goin fre.
l' i ta lien. un bon té moin. le vau rien fe ra le mal.
pau li ne a soin de son man teau. vic tor va au tra vail.
le chien sur veille le trou peau. le foin sè che au so leil.
la che ni lle de vien dra un jour un beau pa pi llon.

un
bon gardien

le coin. un gardien. ton chien. une meule de foin.
claude soutiendra sa famille. victor sera témoin.
le beau soleil a réveillé julien à la pointe du jour.

une meule
de foin

16 pointes : ||| || || || || || 2 fois 8 ou 8 fois 2. — |||| |||| |||| |||| 4 fois 4.

16 = 20 − 4	16 = 13 +	20 − 4 =	16 − = 9
16 = 15 +	16 = 11 +	16 − 2 =	7 + = 16
16 = 10 +	16 = 9 +	16 − 5 =	16 − = 10
16 = 14 +	16 = 8 +	16 − 8 =	16 − = 12
16 = 12 +	8 = 16 −	16 − 10 =	8 + = 16

papillons

39

le vigneron soigne sa vigne.

gn.

gné. gnon. gna. gneau. gnac. gnal.

chignon

vi gne ron. vi gno ble. oi gnon. ga gné. char le ma gne.
chi gnon. bor gne. lor gnon. é gra ti gnu re. si gna tu re.
un a gneau. le si gnal. le pi gnon. de la ro gnu re.
le ro gnon. le bon la bou reur soi gne bien son bé tail.
ma tan te si gne ra le bail. ju lien ta ille sa vi gne.
le trou peau s'é loi gne bien loin sur la mon ta gne.

agneau

un lorgnon. le signal. un vignoble. l'agneau.
paul a soin de son bouvreuil, il le soigne bien.
andré taillera sa vigne sur le coteau le soir.

oignon

$17 = 8 + 8 + 1^{(1)}$ ou 2 fois 8 plus 1.

$\underline{17} = \underline{20 - 3}$	$17 = 15 + \ldots$	$20 - 3 = \ldots$	$17 - \ldots = 9$
$17 = 10 + \ldots$	$17 = 11 + \ldots$	$17 - 7 = \ldots$	$16 - \ldots = 8$
$17 = 13 + \ldots$	$17 = 8 + \ldots$	$17 - 10 = \ldots$	$15 - \ldots = 9$
$17 = 12 + \ldots$	$17 = 7 + \ldots$	$17 - 8 = \ldots$	$17 - \ldots = 10$
$17 = 14 + \ldots$	$17 = 9 + \ldots$	$17 - 12 = \ldots$	$17 - \ldots = 12$

feuilles
et vrilles
de la vigne

(1) 17 partagé en 2 parties égales (8), reste 1.

ill. oin. gn. eil. eau. ail. ien. gn. au. euil. oir.

Paul a un manteau neuf.

if. ouf. euf. oif. aul. oul. eul. oil.

soif. neuf. poil. vif. seul. pouf. toul.

l'é cu reuil vif sau ti lle sur la bran che. un che val ré tif.
du poil noir. le ma la de a bu le pur ga tif du doc teur.
la poin te du ca nif. le deuil du veuf. paul vien dra seul.
un bon mo tif. u ne feu ille de ti lleul. le fac teur a soif.
le vi gne ron ac tif soi gne sa vi gne du ma tin au soir.
ra oul, à son ré veil, re join dra ju lien à son tra vail.

un if

du poil. un veuf. la soif. le canif. du suif.
le vigneron actif. un manteau neuf. raoul a soif.
le chien de camille surveille seul le troupeau.

feuille
de tilleul

18 = 20 − 2. ‖‖‖‖‖‖‖‖‖‖ 9 fois 2 ou ‖‖‖‖‖‖‖ ‖‖‖‖‖‖‖ 2 fois 9			
18 = 10 + 8	18 = 9 + ...	20 − 2 = ...	18 − 9 = ...
18 = 15 + ...	18 = 11 + ...	18 − 8 = ...	18 − ...... = 12
18 = 14 + ...	18 = 8 + ...	18 − 2 = ...	18 − ...... = 15
18 = 13 + ...	18 = 12 + ...	18 − 4 = ...	17 − ...... = 14
18 = 12 + ...	18 = 20 −	18 − 10 = ...	11 + ... = 18

canif

(1)

(1) A partager en 2, 3, 4 parts égales.

41

on retire du s<u>el</u> de la m<u>er</u>.

ec. el. er. es.

bec. fer. sel. sec. ver. bel. mer. res.

un v<u>er</u>re

in sec te. ver re. res te. sel le. a vec. mer cre di.
sou ples se. é chel le. ter re. tour te rel le. pa res se.
ga bri el cher che sa bre tel le. u ne bel le clas se.
du foin sec. la vi tes se de l'a vion. fer me le por tail.
ra oul a un ves ton neuf. mi chel boi ra du bon vin.
on re ti re le sel de l'eau de la mer ou de la ter re.

une
tourter<u>elle</u>

le lierre. la tourterelle. la souplesse. la servante.
pierre ira à la chasse; gabriel restera seul.
michel fera une belle lecture à sa famille.

une tasse

19 = 20 − 1	2 fois 9 plus 1 ou	10 + 9	
19 = 18 + ...	19 = 12 + ...	20 − 1 = ...	19 − ..... = 12
19 = 15 + ...	19 = 10 + ...	19 − 9 = ...	19 − ..... = 15
19 = 17 + ...	19 = 13 + ...	19 − 5 = ...	19 − ..... = 17
19 = 14 + ...	18 = 12 + ...	19 − 7 = ...	19 − ..... = 13
19 = 16 + ...	17 = 11 + ...	19 − 3 = ...	15 + ... = 19

19 libellules

if. au. el. gn. es. oin. ail. er. eau. ill. ec. ien.

Max et Suzon en promenade au zoo.

X. Z.

mélèze

x. xi. xe. xa. xon. un ta xi neuf.
le la xa tif. du lu xe. u ne ta xe. la ri xe. je bo xe.
z. zé. za. zi. ze. zè. zon. le ba zar. le zé ro.
dou ze. la ga zel le les te. le mé lè ze a re ver di.
on ze. u ne ri xe mor tel le. ju lien fi xe un ta bleau.
un zè bre. le bon ser vi teur tra va ille a vec zè le.
su zon a per du son ca nif sur le ga zon.

zèbre

X = x. xe. xi. xon. maxime. la rixe. du luxe.
Z = z. zè. zo. zar. du gazon. le bazar. la gazelle.
max sera zélé. michel a boxé avec adresse.

gazelle

arrondir à 20.

20 = 10 + ...	20 = 11 + ...	10 + ... = 20	19 + ... = 20
20 = 15 + ...	20 = 13 + ...	15 + ... = 20	11 + ... = 20
20 = 12 + ...	20 = 17 + ...	18 + ... = 20	13 + ... = 20
20 = 16 + ...	20 = 14 + ...	16 + ... = 20	17 + ... = 20
20 = 18 + ...	20 = 19 + ...	12 + ... = 20	10 + ... = 20

20 feuilles de lierre

les enfants se baignent sur la grève.

è = ai = ei. air.

pei. gai. sei. chair. zai. mai. trei.

un balai

le maî tre ou la maî tres se sur veille la bai gna de.
pai re. sei ze. mai re. vei ne. se mai ne. ba lai. châ tai gne.
grai ne. dou zai ne. bai gnoi re. plei ne. clai ron. la sei ne.
je me bai gne. le pei gne. la fon tai ne. de la pei ne. un vif é clair.
de la pa ille de sei gle. un ves ton de lai ne. l'é toi le po lai re.
ma de lei ne re vien dra a vec su zan ne la se mai ne pro chai ne.
le pê cheur a vu u ne é nor me ba lei ne au loin sur la mer.

une
baignoire

je saigne. du seigle. le militaire. une douzaine.
une bouteille pleine. madeleine restera avec claire.
le bel agneau fournira sa laine, sa chair, sa peau.

un clairon

20 − 10 = ___	20 − 4 = ___	20 − ___ = 15	20 − ___ = 10
20 − 2 = ___	20 − 8 = ___	20 − ___ = 12	20 − ___ = 14
20 − 5 = ___	20 − 6 = ___	20 − ___ = 18	20 − ___ = 16
20 − 1 = ___	20 − 9 = ___	20 − ___ = 17	20 − ___ = 11
20 − 3 = ___	20 − 5 = ___	20 − ___ = 19	20 − ___ = 13

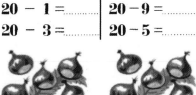

châtaignes

antoinette souhaite la fête à son papa.

è = et = est. et te.

illet. vret. net. let. chet. gnet. plet.

un robi**net**

un siff**let**

un marti**net**

fi llet te. pou let. li vret. bi llet. a gne let. ca bi net. ro bi net.
as si et te. four chet te. clo chet te. ca chet te. toi let te. je jet te.
un cou plet. ta let tre. le mar ti net. u ne cô te let te. le sif flet.
paul est ac tif. le maî tre est pei né. l'o me let te est fai te.
son jar di net est très bien cul ti vé. mon poi gnet est bles sé.
le bau det traî ne la voi tu ret te. la ga let te est très bon ne.
la bel le ca pe ver te d' an toi net te est fai te au cro chet.

un feuillet. la clochette. ton poignet. elle jette.
le maître est actif. reine est proprette. paul est gai.
le festin d'antoinette est fixé au treize juillet.

2 + 2 =	16 + 2 =	20 − 2 =	2 − 2 =
12 + 2 =	8 + 2 =	10 − 2 =	16 − 2 =
4 + 2 =	18 + 2 =	18 − 2 =	6 − 2 =
14 + 2 =	10 + 2 =	8 − 2 =	14 − 2 =
6 + 2 =	18 + 2 =	12 − 2 =	4 − 2 =

deux
clochettes

nombres pairs : 2. 4. 6. 8. 10. 12. 14. 16. 18. 20.
20. 18. 16. 14. 12. 10. 8. 6. 4. 2.

violettes

le jardinier a soin des arbres fruitiers.

é = er = et = ez. ier.

ner. per. tier. tez. mier. gnez. iller.

le goûter

le jar di nier ta ille le poi rier, le pé cher et l'a bri co tier.
le frui tier. le dé jeu ner et le dî ner. le goû ter et le sou per.
le bou cher et le char cu tier. le sa bo tier et le cor don nier.
le fer mier et le pro pri é tai re. l'ou vrier et le pa tron.
ver ser. cher cher. fer mer. ver rou iller. le plan cher est neuf.
jou ez. chan tez. dan sez. sau tez. la vez et pei gnez fan chet te.
ai mez et res pec tez tou jours vo tre maî tre et vo tre maî tres se.

le charcutier

le jardinier soigne l'arbre fruitier. restez et surveillez
fermez votre cahier et ouvrez votre livret
allez chercher un béret chez le chapelier.

panier

1 + 2 =	15 + 2 =	9 − 2 =	15 − 2 =
11 + 2 =	7 + 2 =	19 − 2 =	3 − 2 =
3 + 2 =	17 + 2 =	7 − 2 =	13 − 2 =
13 + 2 =	9 + 2 =	17 − 2 =	11 − 2 =
5 + 2 =	15 + 2 =	5 − 2 =	17 − 2 =

nombres impairs : 1. 3. 5. 7. 9. 11. 13. 15. 17. 19.
                  19. 17. 15. 13. 11. 9. 7. 5. 3. 1.

tablier

le boulanger fait le p<u>ain</u>.

in = ain = ein

main. pain. plein. bain. grain. rein.

poul<u>ain</u>

pain. le vain. grain. de main. é tain. crain te. é cri vain.
crain dre. plain dre. pein dre. tein dre. é tein dre. loin tain.
un pein tre. ton pro chain. le re frain. le ter rain mal sain.
la de van tu re est pein te. le gain de l'ou vrier est fai ble.
le bou vreuil ai me le plan tain. le pou lain est é tri llé et soi gné.
le fer mier ré col te du sain foin, de la lu zer ne et du trè fle.
le tein tu rier tein dra ton ta blier et ton châ le mer cre di.

p<u>ain</u>

le pain. chantez le refrain. aimez votre prochain.
le train est parti. allez chez le teinturier.
demain, le peintre peindra la porte et la fenêtre.

m<u>ain</u>

$2+3+5=$	$7+4+5=$	$4+3+5+6=$	$19-12=$
$5+5+2=$	$8+3+6=$	$8+5+4+2=$	$17-14=$
$6+4+3=$	$9+4+5=$	$9+2+3+4=$	$18-11=$
$3+4+5=$	$4+7+5=$	$6+2+5+3=$	$16-8=$
$7+3+6=$	$9+6+4=$	$3+8+2+5=$	$15-4=$

p<u>ein</u>dre

Sylvette est douillette.

i=y. in=yn. an=en.

ry. py. dy. my. syl. syn. lynx. rynx.

une
enveloppe

pè re est sy no ny me de pa pa. le maî tre souf fre du la rynx.
y von est my o pe. l'en ve lop pe for me un po ly go ne.
y vet te ai me pren dre son bain. syl vet te est dou illet te.
le bles sé a eu u ne syn co pe. on se mé fi e du men teur.
le maî tre a ver sé l'en cre vi o let te. l'en crier est plein.
le car rier fe ra sau ter le ro cher à la dy na mi te.
j'ai me en ten dre le tic tac ré gu lier de la pen du le.

une bouteille
d'encre

parente. enfantin. penser. la tente est en toile.
sachez dépenser votre gain. la fente est ouverte.
défendez votre bien. jouez avec entrain. mentir est mal.

un Indien

20 pensées

le double [1]		la moitié [2]	
1 + 1 = 2	6 + 6 =......	de 20 est de : 10	de 14 est de :......
2 + 2 =......	7 + 7 =......	de 10 est de :......	de 6 est de :......
3 + 3 =......	8 + 8 =......	de 2 est de :......	de 16 est de :......
4 + 4 =......	9 + 9 =......	de 12 est de :......	de 8 est de :......
5 + 5 =......	10 + 10 =......	de 4 est de :......	de 18 est de :......

(1) 2 fois 1 font 2 ; 2 fois 2 font 4 ; 2 fois 3 font 6...
(2) Faire trouver la moitié des nombres impairs de 1 à 19 (reste 1)

sous les noyers.

ii = y. oii = oy. aii = ay.

boy. pay. ploy. foy. lay. fray. ray.

une balayette

noy er. noy au. joy au. ray u re. ren voy er. a boy er. ef fray er.
fray eur. tuy au. é gay é. moy en. doy en. mi toy en. boy au.
un ra yon de so leil. voy ez le bon bi llet. un mur mi toy en.
soy ez loy al. ay ez de l' en cre. le pê cheur y von s' est noy é.
syl vain é tein dra le foy er. en voy ez cher cher un cray on.
pay ez l' ou vrier a vec loy au té. en ten dez le chien a boy er.
ba lay ez et net toy ez l'al lée a vec soin. le loy er est pay é.

un crayon

le noyer. le moyen. le crayon a rayé le papier.
sylvain a payé. voyez le gai rayon de soleil.
le fermier a balayé et nettoyé la cour de la ferme.

le moyeu
et les rayons
de la roue

▦					10
▦ ▦					20
▦ ▦ ▦					30
▦ ▦ ▦ ▦					40
▦ ▦ ▦ ▦ ▦					50
▦ ▦ ▦ ▦ ▦ ▦					60

▦ ▦ ▦ ▦ ▦ ▦					60
▦ ▦ ▦ ▦ ▦					50
▦ ▦ ▦ ▦					40
▦ ▦ ▦					30
▦ ▦					20
▦					10

dizaines de noix

le voya**g**eur surpris par la nei**g**e.

$$S = C \text{ i.e.} \qquad j = g \text{ i.e.}$$

cage

ca. co. cu. | ci. cy. ce. cé. cè. cê.
ga. go. gu. | gi. gy. ge. gé. gè. gê.

nei ge. voy a geur. bi cy clet te. fi cel le. ge nou. ci el.
ce ci. voi ci. c'est ce la. mer ci. cé ci le. mé de cin. cé lè bre.
ca ge. ci ra ge. gor ge. gen dar me. va can ce. cen dre. gi fle.
ci toy en. é cor ce. cen tai ne. man ger. ga ger. rou gir. gé mir.
ci ca tri ce. fau ci lle. lan ga ge. ba lay a ge. ca na ri.
bou geoir. sa ges se. ca nif. cer veau. cer tain. fra gi le. gi ro flée.

fau**c**ille

citron

neige. voyageur. bicyclette. ficelle. mécanicien.
pouce. citron. girafe. mensonge. cigarette. jugez.
france. cigogne. gerbe. grange. vermicelle. noircir.

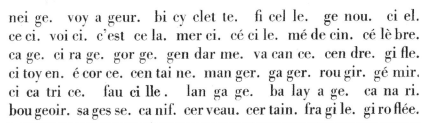

	20				30		
	21				31		
	22						
			29				39

gi**r**afe

giroflées

le taquin bien puni.

c = k = qu.

qui. que. quoi. quel. ke. ki. ké. kin.

polka

ta quin. pi quer. co li que. co ke. ka o lin. bou ti que. bar ri que.
qua tre. ba quet. co qui lle. ki lo mè tre. ma que reau. to que.
un pa quet. cet te bar que. u ne pol ka. u ne bri que. la co que.
le ké pi du fac teur est neuf. ce co qui lla ge est lé ger.
ce bou quet est ma gni fi que. ce li qui de est rou ge et clair.
mo ni que a chè te du ci ra ge noir. pay ez ce ki lo de ca fé.
ai mez et res pec tez la per sonne qui est vo tre bien fai trice.

coquillage

maquereau

c = qu = k. la qualité. la quantité. l'équipage.
l'abeille a piqué le taquin. dansez cette polka.
cécile voyagera le quatorze et le quinze avril.

barque

	40				50			55
	41							
	44		49					59

coquelicots

la cueillette du muguet.

$$C = cu_{e.} \qquad g = gu_{e.i.}$$

gué. gue. gui. guer. guè. guê. guet.

une anguille

une figue

une hachette

un guéridon

une guitare

muguet

cue illir. mu guet. ba gue. lan gue. gueu le. guê tre. gui der.
l'hy giè ne. l'an gui lle. la fi gue. mar gue ri te gar ni ra la to que.
la guê pe a pi qué jac que li ne. le voy a geur est bien fa ti gué.
geor ges gui de ra no tre bar que. ay ez con fi an ce en lui.

h. hu meur. hé lè ne. ha bi tu de. hu mec té. ha chet te.
heu re. ha lei ne. her ba ge. hen ri. hô pi tal. hi ron del le.
thé. thé o do re. rhu me. dah lia. ho quet. thon. hy dra vion.

---

le dogue. un guéridon. la guitare. la marguerite.
hélène. habitude. enrhumé. guy a le hoquet.
henri a voyagé en algérie et au maroc.

---

28 + 2 =	39 + 2 =	36 − 2 =	60 − 2 =
38 + 2 =	49 + 2 =	24 − 2 =	50 − 2 =
48 + 2 =	27 + 2 =	33 − 2 =	40 − 2 =
36 + 2 =	35 + 2 =	47 − 2 =	51 − 2 =
44 + 2 =	43 + 2 =	59 − 2 =	41 − 2 =

nombres pairs : 20. 22. 24. 26. 28......   60. 58. 56. 54. 52. 50. 48......

nombres impairs : 21. 23. 25......   59. 57. 55. 53. 51. 49......

le phare et le sémaphore guident le marin.

f = ph. s = ç. eu = œu.

siphon

pha re. sé ma pho re. té lé gra phe. té lé pho ne. pho to gra phe.
si phon. or tho gra phe. phos pho re. phos pha te. phi lo mè ne.
thé o phi le. li ma ce. co li ma çon. fa ça de. ca le çon. re çu.
œuf. bœuf. œu vre. ma nœu vre. sœur. thé o phi le a bon cœur.
a dol phe est re çu phar ma cien. le ma nœu vre du ma çon.
ce gar çon é cou te le pho no gra phe. plai gnez l'or phe lin.
le ray on du pha re gui de la bar que. man gez de ce bœuf.
la fa ça de est pein te. la sœur d'al phon se ré ci te sa le çon.

cœur

adolphe téléphone. à l'œuvre on juge le maçon.
télégraphiez au photographe. ce garçon a bon cœur.
sa sœur marguerite a reçu et logé cette orpheline.

caleçon

ajouter ou retrancher 3 (2+1 ou 1+2   −1−2 −2−1)

26 + 3 =	37 + 3 =	56 − 3 =	51 − 3 =
34 + 3 =	47 + 3 =	45 − 3 =	42 − 3 =
45 + 3 =	38 + 3 =	28 − 3 =	23 − 3 =
33 + 3 =	29 + 3 =	34 − 3 =	31 − 3 =
51 + 3 =	49 + 3 =	59 − 3 =	52 − 3 =

bœuf

compter et décompter par 3 : 20. 23. 26. 29. 32... 60. 57. 54. 51. 48.

téléphone

colimaçons

53

eau. ll. our. ien. ail. oir. au. euil. oin. ill. eur. eil.

la récréation.

n = m p. b. sion = tion

un timbre

on. an. en. in. ain. ein. un. yn.
om. am. em. im. aim. eim. um. ym.

cam pa gne. tim bre. om brel le. dé cem bre. ex em ple. om bre.
pom pe. pom pier. tam bour. rem pa illé. im po li. lam pe.
em plet te. faim. hum ble. es saim. flam beau. tom bé. bom be.

tambour

sion = tion o pé ra tion. ad di tion. sous trac tion.
mul ti pli ca tion. con di tion. ré cré a tion.
pu ni tion. émo tion. fric tion. di rec tion. por tion. pré cau tion.

lampe
électrique

une multiplication. la récréation. une punition.
le champignon. la pompe. le timbre. la tempête.
georgette comprendra l'explication de la leçon.

ajouter ou retrancher 4 (2 et 2 ou 3 et 1 ou 1 et 3).

32 + 4 =	29 + 4 =	48 − 4 =	53 − 4 =
41 + 4 =	49 + 4 =	36 − 4 =	42 − 4 =
35 + 4 =	18 + 4 =	25 − 4 =	31 − 4 =
23 + 4 =	48 + 4 =	39 − 4 =	24 − 4 =
44 + 4 =	37 + 4 =	47 − 4 =	32 − 4 =

compter et décompter par 4.

champignons

la visite chez le cousin.

sp. st. str. sc. scr.

un stylo-plume

sta de. sta di ste. sport. spor tif. spec ta cle. spec ta teur. splen di de sque let te. sta tu re. spé cia li té. sta tion. stu pi de. sté ri le. scan da le. sta tue. sty lo gra phe. sco lai re. sta ble. stop per.

z s. ro se. va se. ru se. vi si te. cou sin. ce ri sier. ca sier. ci seau. vi sa ge. oi si llon. blou se. ra soir. mi mo sa.

oï. hé ro ï que. é go ï ste. hé ro ï sme. é go ï sme.

aï. ha ïr. ca ï man. na ï ve té. na ïf. la ï que. du ma ïs.

du maïs

la scarlatine. un visage rose. l'école laïque. joseph. josette a levé le store. le ciseau du menuisier coupe bien. en voyage, mon cousin henri a été piqué par un scorpion.

caïman

ajouter ou retrancher 5 (4 et 1 ou 1 et 4, 3 et 2 ou 2 et 3).

$21 + 5 =$	$35 + 5 =$	$57 - 5 =$	$51 - 5 =$
$33 + 5 =$	$29 + 5 =$	$38 - 5 =$	$42 - 5 =$
$42 + 5 =$	$38 + 5 =$	$26 - 5 =$	$33 - 5 =$
$24 + 5 =$	$47 + 5 =$	$49 - 5 =$	$24 - 5 =$
$45 + 5 =$	$26 + 5 =$	$35 - 5 =$	$55 - 5 =$

compter et décompter par 5.

roses

55

le chat est à l'affût.

let tre fi na le.

le gland. la sou ris. u ne dent. le rat. le re nard. u ne per drix.
le co que li cot. la bre bis. un pont. du plomb. la noix. le poids.
un sa bot. du sang. un rond. le pot. le tis se rand. le par des sus.
le chat gris. du bois vert. le vent froid. un gros fruit doux.
du drap très é pais. le pla fond haut. le ca nard gour mand.
un en fant cou ra geux. du lait chaud. le grand loup mé chant.
un tem pé ra ment fort. le nid de la per drix. l'ha bit trop court.
le vi ei llard sourd. la croix en ar gent. l'a bri cot est ex quis.

---

le front. un sanglot. du bois. un canard.
le trot et le galop. un coup adroit. le chat gris.
l'enfant ignorant. le vent froid. le lait chaud.

---

ajouter ou retrancher 10.

20 + 10 =	43 + 10 =	60 − 10 =	59 − 10 =
31 + 10 =	29 + 10 =	54 − 10 =	48 − 10 =
48 + 10 =	37 + 10 =	37 − 10 =	36 − 10 =
35 + 10 =	24 + 10 =	25 − 10 =	45 − 10 =
46 + 10 =	25 + 10 =	32 − 10 =	38 − 10 =

compter et décompter par 10.

un, une.   plusieurs.

mar que du plu ri el

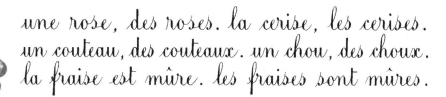

singulier	pluriel	sin gu lier	plu ri el
un pou let,	des pou lets.	le cha peau,	les cha peaux.
la noi set te,	les noi set tes.	le ba teau,	les ba teaux.
u ne mou che,	des mou ches.	un che veu,	des che veux.
ta plu me,	tes plu mes.	le ca illou,	les ca illoux.
ma blou se,	mes blou ses.	ton ne veu,	tes ne veux.
le coq chan te,	les coqs chan tent.	l'oi seau vo le,	les oi seaux vo lent.
le bé bé pleu re	les bé bés pleu rent	mon ne veu tra va ille	mes ne veux tra va illent

une rose, des roses. la cerise, les cerises.
un couteau, des couteaux. un chou, des choux.
la fraise est mûre. les fraises sont mûres.

ajouter 9, 8 ou 7 (9 = 10 − 1 ;   8 = 10 − 2 ;   7 = 10 − 3)

29 + 9 =	26 + 8 =	25 + 9 =	19 + 9 =
38 + 9 =	35 + 7 =	36 + 8 =	32 + 9 =
45 + 9 =	49 + 7 =	41 + 7 =	48 + 7 =
33 + 8 =	34 + 7 =	32 + 8 =	31 + 9 =
46 + 8 =	28 + 7 =	44 + 7 =	27 + 7 =

L'ALPHABET

Lettres minuscules. — Lettres majuscules.

a b c d e f g h i j k l

A B C D E F G H I J K L

a b c d e f g h i j k l

A B C D E F G H I J K L

m n o p q r s t u v w x y z

M N O P Q R S T U V W X Y Z

m n o p q r s t u v w x y z

M N O P Q R S T U V W X Y Z

Retrancher 9, 8 ou 7 (en arrondissant ou en se servant de 10.)

35 − 9 = ...	46 − 8 = ...	37 − 7 = ...	32 − 9 = ...
48 − 9 = ...	35 − 8 = ...	24 − 7 = ...	48 − 7 = ...
27 − 9 = ...	52 − 8 = ...	46 − 7 = ...	24 − 8 = ...
31 − 9 = ...	28 − 8 = ...	29 − 7 = ...	45 − 9 = ...
42 − 9 = ...	54 − 8 = ...	35 − 7 = ...	36 − 8 = ...

coccinelles

Nota. — L'élève peut maintenant résoudre des additions et des soustractions de nombres de deux chiffres, les résultats partiels devant toujours être calculés mentalement.

La petite Poule rouge.

La petite poule rouge grattait dans la cour, quand elle trouva un grain de blé.

— Qui est-ce qui va semer le blé ? dit-elle.

— Pas moi, dit le dindon.

— Ni moi, dit le canard.

— Ce sera donc moi, dit la petite poule rouge, et elle sema le grain de blé.

Quand le blé fut mûr, elle dit :

— Qui est-ce qui va porter ce grain au moulin ?

— Pas moi, dit le dindon.

— Ni moi, dit le canard.

— Alors, je le porterai, dit la petite poule rouge ; et elle porta le grain au moulin.

Quand le blé fut moulu, elle dit :

— Qui est-ce qui va faire du pain avec cette farine ?

— Pas moi, dit le dindon.

— Ni moi, dit le canard.

— Je le ferai alors, dit la petite poule rouge ; et elle fit du pain avec la farine.

Quand le pain fut cuit, elle dit :

— Qui est-ce qui va manger ce pain ?

— Moi ! cria le dindon.

— Moi ! cria le canard.

— Non, pas vous ! dit la petite poule rouge. Moi et mes poussins, nous le mangerons. Clack ! clack ! Venez, mes chéris.

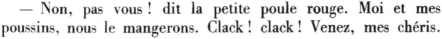

Miss S. C. BRYANT. Trad. de Mme E. ESCANDE.
" Comment raconter des histoires " NATHAN, Editeur.

Ma Sœur la pluie.

Sur des tapis de fleurs sonores,
De l'aurore jusqu'au soir,
Et du soir jusqu'à l'aurore,
Elle pleut et pleut encore,
Autant qu'elle peut pleuvoir.
Puis, vient le soleil qui essuie,
De ses cheveux d'or,
Les pieds de la pluie.

Charles Van LERBERGHE.

Les petits Canards.

Ils vont, les petits canards,
Tout au bord de la rivière
Comme de bons campagnards.
Barboteurs et frétillards,
Heureux, de trouver l'eau claire,
Ils vont les petits canards.

Marchant par groupes épars
D'une allure régulière,
Comme de bons campagnards,
Chacun avec sa commère,
Comme de bons campagnards,
Ils vont, les petits canards.

Rosemonde GÉRARD.
" Les Pipeaux ". FASQUELLE, Editeur.

Le petit Poucet.

Il était une fois un bûcheron et une bûche-ronne, bien pauvres, qui avaient sept enfants, tous garçons.

Le plus jeune était resté si petit qu'on l'appelait le petit Poucet.

Une année la misère devint très grande et le pain manqua. « Nous ne pouvons plus nour-rir nos enfants ; demain nous irons les perdre dans la forêt pour ne pas les voir mourir sous nos yeux », dit un jour le malheureux bûcheron à sa femme qui fondit en larmes.

Petit Poucet avait tout entendu. Il ne dit rien, mais se leva de bon matin, courut au ruisseau, remplit ses poches de petits cailloux blancs et revint à la maison...

..... Lorsqu'ils comprirent qu'ils étaient abandonnés au milieu de la forêt, les frères du petit Poucet se mirent à crier. « Suivez-moi » leur dit-il. Et petit Poucet retrouva facilement le chemin de la maison grâce aux petits cailloux blancs qu'il avait laissé tomber tout le long de la route. Arrivés à la porte de leurs parents, les sept frères n'osaient rentrer.

« Hélas ! mes pauvres enfants ! Où sont mes pauvres enfants ! » disait leur mère en sanglotant.

Et tous les sept de s'écrier à la fois : « Nous voilà ! Nous voilà ! »

D'après PERRAULT.

Les lapins.

Dans une moitié de futaille, Lenoir et Legris, les pattes au chaud sous la fourrure, mangent comme des vaches. Ils ne font qu'un seul repas qui dure toute la journée.

Il vient de leur tomber un pied de salade. Ensemble Lenoir et Legris se mettent après.

Nez à nez, ils s'évertuent, hochent la tête, et les oreilles trottent.

Quand il ne reste plus qu'une feuille, ils la prennent, chacun par un bout, et luttent de vitesse.

Jules RENARD.
Histoires naturelles. A. FAYARD, Editeur.

L'escargot.

Où vas-tu ce soir petit escargot ?
J'allais t'écraser sous mon lourd sabot
Quand j'ai vu briller ta rose coquille.
Mais qu'as-tu ? la peur te recroqueville !

D'un air tout craintif tu rentres ton nez !
Tu boudes peut-être ? Allons, c'est assez !
Qu'à ce temps d'arrêt ton émoi se borne :
Mon beau limaçon, montre-moi ta corne !

Mme Annaïk LE LÉARD.
" Le Joli Petit Bois ". AUBERT, Editeur.

La Bique, le Loup et les Biquets.

Il y avait une fois une maman Bique qui était partie de bon matin. « Surtout, avait-elle dit à ses Biquets, n'ouvrez pas avant que je montre patte blanche par le trou de la porte. »

Le Loup vit maman Bique s'éloigner rapidement. « Bon ! se dit-il, les petits biquets vont être pour moi un excellent déjeuner. »

Il arrive et frappe à la porte. « Toc ! Toc !

— Qui est là ? crièrent les petits Biquets.

— C'est votre mère, fit le Loup, en essayant d'adoucir sa grosse voix rude.

— Montrez patte blanche et l'on vous ouvrira, répondirent les petits Biquets. »

La patte du Loup était toute noire. S'en allant, bien penaud, il rencontra Renard et lui dit sa mésaventure. « Va au

moulin, dit Renard, et plonge ta patte dans la farine. »

..... Pendant ce temps, Maman Bique arrive ; elle apprend la visite du Loup.

« C'est bon ! fit-elle, apportez-moi beaucoup de bois. »

Bientôt un grand feu flambe. Le Loup revient : « Toc ! Toc !

— Nous n'avons pas la clé, passez par la cheminée. »

Le Loup grimpe sur le toit, s'engage dans la cheminée et tombe dans le feu où il est grillé.

Les chats de mon grand-père.

Mon grand-père avait trois chats, trois chats qu'il aimait beaucoup, et qui l'aimaient aussi pas mal ; la preuve, c'est que chaque soir, quand il revenait, ils allaient à sa rencontre jusqu'au coin de la rue, tous de front leurs trois queues en l'air, et là, faisaient des ronrons, récompensés par des caresses.

Après cela, les chats se mettaient de nouveau en marche, tous de front, leurs trois queues en l'air, et ils cheminaient devant lui jusqu'à la porte de la maison, car ils savaient les drôles, qu'on ne dînait pas avant que le grand-père fût arrivé.

Paul ARÈNE (Contes en cent lignes).
FASQUELLE, Éditeur.

Trois petits oiseaux.

Au matin se sont rassemblés
Trois petits oiseaux dans les blés.
Ils avaient tant à se dire
Qu'ils parlaient tous à la fois,
Et chacun forçait sa voix :
Ça faisait un tire-lire
Tire-lire la ou la !

Un vieux pommier planté là
A trouvé si gai cela
Qu'il s'en est tordu de rire.
A midi se sont rassemblés
Trois petits oiseaux dans les blés.

Jean RICHEPIN.
" La Chanson des Gueux ". FASQUELLE, Éditeur.

La pêche d'Isengrin.

C'était peu de temps avant la Noël. Il faisait froid et l'étang était si bien gelé qu'on aurait pu danser dessus ; les paysans avaient fait un trou dans la glace pour puiser de l'eau. Un seau était près du trou.

Renart dit à Isengrin, le loup :

« Compère, voici l'engin avec lequel nous pêchons les anguilles et quantité d'autres poissons. Il suffit de le tenir plongé dans l'eau, puis de l'en tirer quand on sent, à sa pesanteur, qu'il est rempli de poissons.

— Prenez-le, frère Renart, et attachez-le moi bien à la queue ! »

Renart le lui attacha solidement, et lui dit :

« Bien, mettez-vous là sur le bord du trou et ne bougez plus. »

Comme il faisait grand froid, l'eau ne tarda pas à se changer en glace autour de la queue. Le loup le sent bien, mais il se figure que ce sont les poissons qui s'entassent dans le seau et il se félicite déjà de sa belle pêche.

Quand il se décide à tirer le seau, tous ses efforts sont inutiles ; il se démène, il s'agite.

« Compère Renart, à mon secours ! Il y en a tant et tant que je ne puis soulever l'engin.

— Qui trop désire tout perd, frère Loup. Vous en avez trop pris ; tâchez de vous en tirer. »

D'après le roman de RENART.

Le printemps.

Au printemps, on est un peu fou.
Toutes les fenêtres sont claires,
Les prés sont pleins de primevères,
On voit des nouveautés partout.

Les oiseaux chantent à tue-tête,
Et tous les enfants sont contents.
On dirait que c'est une fête...
Ah ! que c'est joli, le printemps !

Lucie DELARUE-MARDRUS.
" Poèmes mignons ". GEDALGE, Éditeur.

Les Papillons.

Blancs, bleus, gris, noirs, prompts, gais, fous, lestes.
Et titubants, et fanfarons,
Les papillons, ces fleurs célestes,
Battent l'air de leurs ailerons.

Ils déjeunent de primevères,
Font la dînette sur les lis
Et vont boire des petits verres
D'azur dans les volubilis.

Jean RAMEAU.
Poésies " La Vie et la Mort ". Albin MICHEL, Éditeur.
Extrait de " Voici des Roses ". (Ed. BOURRELIER).

La chèvre de M. Seguin.

I

Ah ! qu'elle était jolie la petite chèvre de M. Seguin. Qu'elle était jolie avec ses yeux doux, sa barbiche de sous-officier, ses sabots noirs et luisants, ses cornes zébrées et ses longs poils blancs qui lui faisaient une houppelande ! Et puis, docile, caressante, se laissant traire sans bouger, sans mettre son pied dans l'écuelle. Un amour de petite chèvre !...

II

Un matin, comme il achevait de la traire, la chèvre se retourna et lui dit en son patois : « Ecoutez, monsieur Seguin, je me languis chez vous, laissez-moi aller dans la montagne..
— Comment, Blanquette, tu veux me quitter ? »
Et Blanquette répondit :
« Oui, monsieur Seguin »...

III

Quand la petite chèvre blanche arriva dans la montagne, ce fut un ravissement général. Jamais les vieux sapins n'avaient rien vu d'aussi joli. On la reçut comme une petite reine. Les châtaigniers se baissaient jusqu'à terre pour la caresser du bout de leurs branches. Toute la montagne lui fit fête...

A. DAUDET.
" Les Lettres de Mon Moulin ". FASQUELLE, Éditeur.

Je suis le vent.

— Ouvrez les gens ! Ouvrez la porte !
Je frappe au seuil et à l'auvent.
Ouvrez les gens ! Je suis le Vent
Qui s'habille de feuilles mortes.

— Entrez, Monsieur, entrez, le Vent,
Voici pour vous la cheminée
Et sa niche badigeonnée,
Entrez chez nous, Monsieur le Vent.

Emile VERHAEREN.
(Mercure de France, éditeur)
Tiré de "Voici des Roses". S. DEBRAT et F. SCAPULA
(Editions BOURRELIER).

Le petit sapin.

Dans la forêt, il y avait une fois le plus mignon petit sapin qu'on puisse imaginer. Il poussait dans un bon endroit où le soleil pouvait le réchauffer, avec de bons camarades autour de lui : des sapins et des pins.

Or, lui n'avait qu'une idée : être bien vite grand. Les enfants s'asseyaient près de lui ; le regardant, ils disaient : « Comme il est mignon, ce petit sapin. »

Et le petit sapin ne pouvait souffrir cela.

« Grandir, grandir ; devenir haut et âgé, voilà le seul bonheur sur terre, » pensait-il...

Le petit sapin (*Suite*).

A la fin de l'année, les bûcherons venaient toujours abattre quelques arbres, toujours les plus beaux. « Où vont-ils ? » se demandait le petit sapin...

Une cigogne lui dit : « Je crois bien que je les ai vus ; ils se dressaient, la tête haute, sur de beaux bateaux neufs et parcouraient le monde. »

..... Quand arrivait la Noël, on abattait aussi tous les ans de tout jeunes arbustes, choisis parmi les plus beaux, les mieux faits.

« Où peuvent-ils bien aller ? » se demandait le sapin...

..... Enfin, ce fut son tour. Et il fut emporté dans une grande et belle salle où il y avait de beaux fauteuils ; à toutes ses branches des jouets brillaient, des lumières étincelaient.

Quel éclat ! Quelle splendeur ! Que de joie !

..... Le lendemain, le sapin fut emporté dans un coin où on l'oublia. Il eut le temps de réfléchir. Revoyant son heureuse jeunesse dans les bois, la joyeuse nuit de Noël, il soupira :

« Passé, tout cela est passé ! Ah ! si j'avais seulement su jouir du grand air et du bon soleil quand il en était temps encore ! »

D'après ANDERSEN (Contes).

Zette.

..... Les mouches sont des paresseuses. Que font-elles du matin au soir, à courir sur les vitres, dans les rideaux, au bord des meubles ? Rien, elles se promènent.

..... Le seul talent des mouches, c'est de marcher la tête en bas et de courir suspendues au plafond.

Zette se demande si, avec un peu d'exercice, en essayant chaque matin, elle ne pourrait les imiter...

On peut toujours voir...

Vite, un échafaudage ! Une chaise appuyée sur l'oreiller, sur la chaise un tabouret, sur le tabouret un coussin. Zette, anxieuse, se hisse...

L'édifice n'est pas trop bien calé, n'importe. Elle sent qu'elle va réussir. Elle prend son point d'appui à la paroi, applique son pied, plaque les mains, se donne de l'élan... Patatras ! La maison s'écroule, chaise de-ci, tabouret de-là, Zette, précipitée sur le parquet voit trente-six mille chandelles.

D'après Paul et Victor MARGUERITTE.
ZETTE (Plon, Éditeur).

Jean et Jeanne à la pêche.

Jean a fourni la gaule. Jeanne a donné le fil et l'épingle ; aussi la ligne est-elle commune au frère et à la sœur. Chacun la voudrait tout entière...

..... Ils convinrent que la ligne passerait alternativement des mains du frère à celles de la sœur après chaque poisson pris.

C'est Jean qui commence. L'on ne sait quand il aura fini... Pour n'avoir à céder la ligne à sa sœur, il se refuse à prendre le poisson qui s'offre, qui mord à l'hameçon et qui fait plonger le

bouchon. Jean est rusé. Jeanne est patiente. Depuis six heures, elle attend. Cette fois, pourtant, elle semble lasse... Elle bâille, s'étire, se couche à l'ombre du saule et ferme les yeux. Jean l'épie du coin de l'œil et croit qu'elle dort. Le bouchon plonge. Il tire vivement le fil au bout duquel brille un éclair d'argent. Un goujon s'est pris à l'épingle. « Ah ! c'est à moi maintenant ! » s'écrie une voix derrière lui. Et Jeanne saisit la ligne.

A. FRANCE.
" Filles et Garçons ".
HACHETTE, Éditeur.

La Ronde.

Si toutes les filles du monde voulaient se donner la main, tout autour de la mer elles pourraient faire une ronde.

Si tous les gars du monde voulaient bien être marins, ils feraient avec leurs barques un joli pont sur l'onde.

Alors on pourrait faire une ronde autour du monde, si tous les gens du monde voulaient se donner la main.

Paul FORT.
" Ballades françaises ". (FLAMMARION, Éditeur).

IMPRIM'VERT®

Imprimé en France par Pollina S.A. – 85400 Luçon
N° d imprimeur : L80768 - Dépôt légal : janvier 2013
N° d'édition : 70116203-06/mai2017